Living Purple Publishing
8469 S. Van Ness Avenue, #7
Inglewood, CA 90305

ISBN: 978-0-9968311-0-9   (Libro de Bolsillo)

Diseño de Portada por Elijah Richard
Co-editora Leah Williams
Traducido en español por Sandra I. Velazquez-Gomez

BIENES RAÍCES 100
La Experiencia Juvenil de Comprar un Hogar

LISA PUERTO

Para todos los adolescentes y jóvenes que se atreven a mostrar al mundo que los bienes raíces no es solo para adultos — ¡tú experiencia comprando una casa también cuenta!

CONTENIDO

LA IMPORTANCIA DE ESTE LIBRO

Hola,

Te podrías estar preguntando por qué este libro existe y está dirigido a la gente joven como tú... Trataré de no aburrirte, ¡lo prometo! Mientras vayas leyendo estas páginas verás que ser dueño de una casa pronto se convertirá en un sueño para ti, ¡si es que no lo es ya! Espero que llevarte de ese sueño de cómo será tu casa, a cómo vas a comprarla. Sé que en estos momentos esos pensamientos son dos procesos diferentes para ti. El propósito de todo esto es traer a la vida real las cosas que necesitas saber sobre la compra de una vivienda y los bienes raíces. Como cuestión de hecho, solamente por estar leyendo este libro estás años luz por delante que otros de mayor edad.

Cuando yo estaba en la escuela secundaria y preparatoria, no me preocupaba el mundo financiero o las responsabilidades adultas como pagar cuentas, comprar un auto, trabajar o incluso soñar con algún día convertirme en dueña de una casa. Estaba demasiado ocupada con mis actividades del día a día como el trabajo de la escuela, las tareas del hogar y pasar tiempo con los amigos. A medida que uno crece, estas actividades son reemplazadas por estudiar para algún examen de la universidad o trabajar (siguen siendo escuela y trabajo); cocinar, limpiar la casa (siguen siendo tareas del hogar) y actualizar las redes sociales (sigue siendo dedicar tiempo a los amigos). ¿Te das cuenta? La única diferencia es que eres mayor.

Así es que, creo que es justo que vayas entendiendo algunos conceptos básicos sobre la compra de una casa, porque eventualmente serás lo suficientemente mayor como para ganarte la vida, construir una carrera, crear una familia y querer sentar raíces en el lugar donde vives... todas las cosas de adultos que pronto vendrán – ¡qué alegría!

Lo más importante que debes entender cuándo sea tu turno para comprar bienes raíces, es saber que no tienes que hacerlo de la forma en que tus padres lo hicieron. Espero poder ayudarte a entender puntos importantes sobre una compra, que muchos de tus familiares y amigos no sabían cuando decidieron hacer realidad el sueño de poseer un hogar. Llamaré *implantes de cerebro* a las ideas que ya tienes sobre la compra de una vivienda, ya sea que lo hayas escuchado, visto o leído. Para ser honesta, en los últimos años las noticias acerca de bienes raíces no han sido del todo lo positivas. Probablemente has escuchado interesantes historias acerca de personas con repentino flujo de dinero, comprando todo tipo de cosas nítidas, desde autos, barcos, renovaciones a viviendas, otros bienes inmuebles y la lista sigue. Esto se conoce como el *boom* o auge inmobiliario, ya que el valor de los bienes raíces sube. Luego quizás escuchaste historias tristes sobre personas perdiendo sus hogares repentinamente, casas "prendiéndose" en fuego, estafas, cierres de bancos y la lista continúa. Esto se conoce como la *caída* de los bienes raíces debido a que el valor de las propiedades baja. Estos son principios básicos de la economía - la economía pasa por ciclos de auge y caída.

En este libro utilizaré el término **"implantes de cerebro"** para referirme a estos conceptos erróneos y que cuando los veas sea más fácil identificarlos, o puedas usar este libro como guía cuando cruces el puente para comprar una casa. Cuando termines de leer deberás estar equipado con un conocimiento básico, saber cuáles son los derechos que tienes como consumidor de bienes raíces y sentirte seguro cuando comiences tu viaje hacia la compra de un hogar. Quiero que esta sea tu primera experiencia en la compra de una vivienda.

Se aprende a ser consumidor calcando lo que uno ve y, hasta ahora, tus padres / abuelos / tíos / primos una vez fueron niños (incluyéndome a mí) y aprendieron de lo que su familia / amigos hicieron o dejaron de hacer cuando se trataba de tomar decisiones de bienes raíces. Los hábitos que aprendemos continúan de generación en generación. Entonces me di cuenta que tal vez el asunto de bienes raíces debe ser introducido a un nivel personal, temprano en la vida, en lugar de más tarde cuando ya se ha terminado la *implantación en el cerebro*. Ves que en la escuela se enseñan los conceptos básicos de lectura, matemáticas, historia y ciencia. ¿Por qué? Tal vez porque es muy probable que los utilices en tu vida diaria, para desempeñarte como ciudadano o porque son herramientas de supervivencia,

¿verdad? Lo mismo aplica a las lecciones que aprendemos acerca de los bienes raíces. Mucho de lo que vemos hoy en día contiene mucha historia de bienes raíces que pasamos por alto. No quiero que lo sigas ignorando pues, cuando seas adulto, ¡tendrás que tomar decisiones acerca de esto también!

Para entender la experiencia de compra de una casa como "Comprador Primerizo de Vivienda", lo mejor es comenzar un paso antes de esto. Actualmente, cualquier persona que compra una vivienda por primera vez tomaría un curso intensivo de bienes raíces (bienes raíces 101 para Agentes) y esto puede llegar a ser una experiencia abrumadora, por tratarse de algo nuevo. Sugiero que exista un pre-requisito o curso de principiante antes de dicho curso intensivo y que se inicie antes de graduarse de la escuela secundaria, llámalo "Bienes Raíces 100." Esperar hasta años después para aprender los fundamentos de la toma de decisiones financieras, el gasto responsable y realizar negocios con integridad, en los últimos años nos ha metido en problemas económicos micros y macros. Así es que, permíteme ser la primera en sugerir Bienes Raíces 100...

Capítulo 1
¿QUIÉN VELA POR TI?
Relación con los Agentes

CAPÍTULO 1

¿QUIÉN VELA POR TI?

Relación con los Agentes

"Todo el Mundo Trabaja Para Alguien"

Piensa en esta sección como la manera de conocer a los jugadores claves del juego de bienes raíces. No voy a recalcar la parte sobre la necesidad de ahorrar para comprar una casa, porque confío en que ya sabes cómo hacer esto. Tienes una estrategia de ahorro cuando se trata de los últimos zapatos, ropa y juegos de vídeo. Ahorrar para una compra importante como un hogar, funciona de la misma manera. Requiere enfoque, ahorro y gasto responsable, así como mucha paciencia. Mira, a menos que recibas una gran cantidad de dinero como herencia (una gran sorpresa), necesitarás ayuda para adquirir una gran inversión como lo es un hogar, y muchas veces pedirás dinero prestado o <u>financiamiento</u> a través de un banco, cooperativa de crédito o acreedor privado, conocido como <u>prestamista</u>. La cantidad que tomas prestada y pagas al prestamista en pagos más pequeños durante un periodo de tiempo se llama <u>hipoteca</u>. Además, ten en cuenta que tomar dinero prestado no es gratis – los prestamistas cobran un <u>cargo</u> o costo por tomar su dinero prestado, esto se conoce como <u>interés</u>. El dinero que logres ahorrar, conocido como pago inicial o anticipo, junto a la cantidad que tomas prestada, se suma y el resultado es el total que puedes utilizar para comprar una casa, llamado <u>poder adquisitivo</u>.

No te preocupes por la cantidad necesaria que tienes que ahorrar. Hay muchos programas que pueden ayudarte a comprar, pero tener una buena cantidad (3% -5%) de dinero ahorrado realmente te da la ventaja cuando se trata de comprar lo que deseas comprar, en cuanto al tamaño y el estilo de tu hogar. ¿Recuerdas cuándo evaluaste la última consola de vídeo juegos o zapatos? Sabías exactamente cuánto ahorrar para poder comprarlo. Bueno, comprar una casa funciona de la misma manera. Cuando comienzas tu búsqueda, quizás una búsqueda en Internet, tendrás una idea de la cantidad de dinero que necesitas para comprar una casa.

Hay grandes ventajas si entiendes esta sección cuando inicias la experiencia de compra de casa, ¡sobre todo porque llegas a elegir quién está de tu parte!

Lo creas o no, la mayoría de los adultos no se dan cuenta de que pueden elegir quien trabaja para ellos. Ya sea que estás vendiendo una casa o comprando una. Así es que aquí están los jugadores: Comprador, Vendedor y Agente(s) de Bienes Raíces; sí, puede haber más de un agente durante una transacción de compra o venta de una casa. Tu agente de bienes raíces actúa como tú entrenador personal haciendo las llamadas, ¡pero no sin antes contar con tu participación!

🎶Consejo: Haz un poco de trabajo de detective sobre tu agente. Busca el nombre o # de licencia de cualquier agente para ver si tienen alguna violación, comprueba el estatus de su licencia, etc. Visita el sitio web del Departamento de Bienes Raíces en tu estado. Por ejemplo, los residentes de California pueden visitar www.bre.ca.gov para aprender más.

¡Hey! Una pregunta rápida. ¿Es cierto que los Compradores tienen que pagar a un agente para que los represente?

¡Noooo! El agente del Vendedor ya tiene eso cubierto, está incluido en el precio de venta.

¡Bien! Porque no tengo esa cantidad de $$$... jajaja

Send

Lo que me lleva al **implante de cerebro #1**: "Los Compradores tienen que pagar por la Representación de un Agente" No. No es cierto. Esto se conoce como Representación del Comprador y no <u>siempre</u> es cierto. Al Agente del Comprador se paga a través de una comisión (pago) compartida ya fijada por el Agente del Vendedor. Por ejemplo, *TU* contratas a un agente de bienes raíces para que esté a tu lado y te ayude a buscar y encontrar un hogar; preparar un contrato de la manera que quieres comprar una casa y por cuánto, esto se conoce como un <u>Contrato de Oferta de Compra</u>.

Si el Vendedor acepta tu oferta, entonces el agente de bienes raíces del Vendedor pagará a tu agente por tu oferta aceptada. El pago se produce una vez que todos los términos o los acuerdos establecidos en el contrato se hayan completado; este proceso se denomina <u>cierre del depósito de garantía</u>.

En bienes raíces, ya sea como comprador o vendedor, estás obligado a entender quién trabaja para quién en una transacción. La razón se debe a que el agente te debe un mayor sentido de responsabilidad en confianza y lealtad como tú agente. Es decir, se espera que tengan tu mejor interés primero, por encima de todo y de todos los demás. *Así es que asegúrate de saber quién vela por ti.*

¡Buenos días! Estoy pensando ir a un open house... ¿es cierto que el agente allí es también el agente del Vendedor?

¡Buenos días! Eso tampoco es cierto xq a veces el agente del Vendedor permite q otros agentes hagan open house de sus listados... Nos vemos en el open house

Bueno saberlo, por si decido trabajar con el primer agente que conozca en el próximo open house que visite. Gracias.

¿Alguna vez has prestado atención a los letreros de *open house* en tu vecindario? Quizás tumbaste algunos de camino a la escuela o la tienda sólo para ser gracioso, o cambiaste el letrero en la dirección opuesta para engañar a la gente que buscaba la casa... en serio, evita la tentación. (Aunque, si uno lo piensa bien, ¡es gracioso! ☺) Dejando las bromas a un lado, ahí hay otro implante de cerebro popular acerca de los *open house* - **Implante de cerebro #2**: "El Agente en un *Open House* es también el Agente del Vendedor." ¡Falso! La razón por la que esto es inexacto e importante saber es que el agente que celebra el *open house* como muestra de cortesía al público, muchas veces es alguien como yo. Alguien que ama orientar a los compradores sobre lo que deben saber acerca de la experiencia de comprar una vivienda. Muchas veces no estoy trabajando para el vendedor cuando hago esto. Este es un momento divertido para mí pues me permite conocer y saludar a gente como tú, que viene con su familia o amigos, y tienen tanta curiosidad como ellos sobre lo que se encuentra en la casa. Alguien como yo te saluda con una sonrisa cálida y acogedora, y está listo para responder a cualquier pregunta que puedas tener. Lo bueno es que no eres tímido al hacerme preguntas y, de hecho, haces grandes preguntas que a veces la gente mayor no haría. Por esta razón confío en ti y **sé que estás listo** para conocer sobre este tema.

Lo interesante y triste sobre la siguiente idea equivocada es que mucha gente la cree

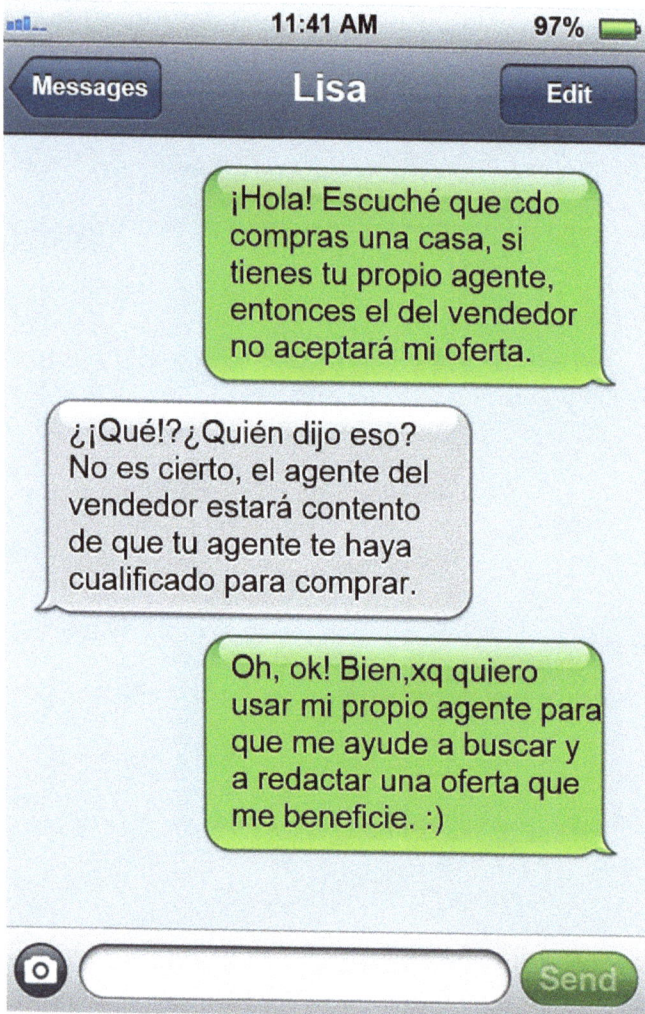

11:41 AM 97%

Messages **Lisa** Edit

¡Hola! Escuché que cdo compras una casa, si tienes tu propio agente, entonces el del vendedor no aceptará mi oferta.

¿¡Qué!?¿Quién dijo eso? No es cierto, el agente del vendedor estará contento de que tu agente te haya cualificado para comprar.

Oh, ok! Bien,xq quiero usar mi propio agente para que me ayude a buscar y a redactar una oferta que me beneficie. :)

Send

Implante de cerebro #3: "El Agente del Vendedor no trabajará con mi Agente." ¡Vaya! ¿Dice quién? ¡De ninguna manera, no es cierto! Como podrás darte cuenta éste sí me hace temblar, uf. Es como comprar un vídeo juego para dos y luego decirle al segundo jugador que tienes que usar un control para jugar, ¿ah? Puedes ver cómo eso sería problemático, casi injusto, ¿no?

Estoy de acuerdo. Es por eso que debes saber que el Vendedor puede elegir a quien le gustaría que le represente y como Comprador tú tienes los mismos derechos. No te sientas intimidado al pensar que la otra parte no va a querer jugar (o vender) porque traes a tu propio entrenador de juego. En realidad crea un campo de juego nivelado y justo. ¡A jugar!

Capítulo 2
PONIENDO TUS DÓLARE$ EN ORDEN
Financiamiento

Capítulo 2

PONIENDO TUS DÓLARE$ EN ORDEN

Financiamiento

"Dónde conseguirlo y porqué es tan importante"

¿Alguna vez has caminado en una tienda y comenzaste a echar en tu carrito de compras todo tipo de cosas que sabías que tenías que tener, para luego llegar a la caja registradora y darte cuenta de que no tenías suficiente dinero para pagarlo todo? No es un buen sentimiento, ¿verdad? Tendrías que regresar algunos de los artículos a sus lugares o simplemente cancelar tu pedido por completo. (Me ha pasado, sin duda no es gracioso cuando hay una larga fila para pagar). Me desconcierta que algunos adultos compran primero, antes de saber a ciencia cierta lo que pueden pagar. Tú no debes hacer esto cuando comienzas el proceso de comprar tu casa. La preparación para comprar tu casa es un asunto que debes ser manejado con atención y precisión en los aspectos monetarios de la compra.

En el momento en que estés listo para trabajar con los asuntos relacionados a dinero, ya habrás ahorrado para el pago inicial y estarás listo para buscar financiamiento adicional de parte de un prestamista. Lo mejor es que conozcas tus límites de compra, antes de comprar. Hay una forma muy sencilla para eliminar las conjeturas en relación a la cantidad que deberías invertir en tu casa. ¿Recuerdas que en la introducción mencioné el pago de cuentas? Bueno, la hipoteca de tu casa será una de esas cuentas regulares y existe una fórmula muy simple a seguir (no te preocupes, no voy a hacer que te aprendas alguna fórmula de bienes raíces complicada, lo prometo). Los pagos mensuales de tu hogar no deben sobrepasar un tercio (1/3) de tus ingresos mensuales (dinero ganado en un mes). Por ejemplo, ganas $4,500 cada mes. Tomas $4,500 y lo multiplicas por 1/3, lo que equivale a $1,500, chequea el Ejemplo 1. Esto significa que los pagos mensuales de tu casa no deben superar la cantidad de $1,500. Sencillo, ¿verdad? No te preocupes por los cálculos y otros factores que intervienen durante el financiamiento[1], realmente existen profesionales que puedes contratar para ayudarte con esto.

> Ej. 1: $4,500 (ingreso) x 1/3 (límite)
>
> = $1,500, pago mensual de la casa

---

[1] *Existen términos mucho más técnicos para aprender, como por ejemplo puntos, cargos de originación, APR, etc., puedes enviarme un email a info@realestate100.net para aprender más sobre esto.*

> ¡Hey! Imagino que no importa a quién uso para mi préstamo pues Agente Hipotecario es lo mismo que Banquero Hipotecario, ¿verdad?

Me alegra saber que estás pensando en tu $$. SÍ importa, NO son lo mismo... ¡Llama cdo puedas hablar!

> Ok, en un minuto... recuerdo que dijiste algo sobre gente que tiene su propio $ para prestar. Te llamo ahora.

Send

Implante de cerebro #4: "Agente Hipotecario es lo mismo que Banquero Hipotecario". Muy falso. Ahí tienes otra ventaja en este juego de bienes raíces, pues llegas a elegir a otro jugador para que trabaje para ti. Todo esto es una parte de poner tus *dólares en orden* y tus opciones pueden ser un Agente Hipotecario o un Banquero Hipotecario.

Es muy importante entender las diferencias entre estos jugadores adicionales. El agente hipotecario es alguien que te ayudará a "comprar" el financiamiento de diferentes prestamistas o, en algunos casos, te prestará dinero de sus propios fondos y muchas veces lo venden a instituciones financieras más grandes. Los agentes hipotecarios pueden y te cobran un cargo por ayudarte a encontrar un prestamista que realmente proveerá el dinero adicional que necesitas para comprar tu casa. Los agentes hipotecarios normalmente ayudan a los compradores que probablemente serían incapaces de obtener un préstamo de parte de un prestamista directo, debido a un historial de crédito problemático. Esta ayuda se suma al costo total del préstamo de dinero de un prestamista directo.

Los Banqueros Hipotecarios trabajan directamente para un prestamista directo que te proveerá financiamiento. Un banquero hipotecario puede mostrarte

> **Consejo:** La cantidad que el prestamista te aprueba para tomar prestado, no significa que tienes que utilizarlo todo. Es sólo la cantidad disponible para ti. ¿Recuerdas tu carrito de compras?

diferentes escenarios de lo que podría ser el mejor tipo de préstamo para ti. Los estimados que el prestamista te provee se basan en los requisitos específicos que ellos tengan para calificar para <u>sus programas de préstamos</u>. En última instancia la decisión es suya.

Me gusta recordar a mis clientes que la vida después de comprar una casa debe ser igual a la de antes de comprar. Es decir, si pides prestado la cantidad máxima que el prestamista aprueba, entonces la vida a la que estabas acostumbrado, por ejemplo: ir al cine, ir de compras, salir a comer, quizás tendrás que limitarla o cortarla por completo. Eso no es divertido, ¡y el sueño de comprar una casa se convierte rápidamente en una pesadilla! Alguna vez escuchaste a mamá o papá decir con frustración "*¡no, no podemos salir a comer esta noche!*" o "*¡...no tengo dinero para eso!*" A veces la vida puede llegar a agitarse un poco cuando te excedes demasiado, estar en deuda con alguien siempre tendrá ese efecto en ti. Sé inteligente acerca de la toma de decisiones financieras. No tienes que copiar las decisiones que has visto (si son negativas) porque, después de todo, estas son decisiones tuyas que tomarás cuando sea tu turno para tomarlas.

Una vez que hayas decidido quién te ayudará con el financiamiento (agente hipotecario o banquero hipotecario), se te pedirá que proporciones documentación sobre la cantidad de dinero que ganas, el pago inicial ahorrado y una copia de tu informe de crédito. Los informes de crédito son una parte importante del financiamiento, ya que proveen una imagen instantánea de lo bien que has manejado tu dinero hasta ese momento. Escucharás mucho más sobre la puntuación de crédito y los informes de crédito cuando estés listo para alquilar un apartamento, comprar un teléfono celular, financiar un auto, etc.

Los informes de crédito son similares a los informes de progreso de la escuela, ya que dan seguimiento a cómo te va en un tema específico llamado "administración del dinero." Si el prestamista determina que eres elegible para un préstamo, te dará una carta de pre-aprobación condicional. Si no eres aprobado en este momento, el prestamista hará recomendaciones sobre lo que mejoraría tu escenario de préstamo y elegibilidad para la próxima vez.

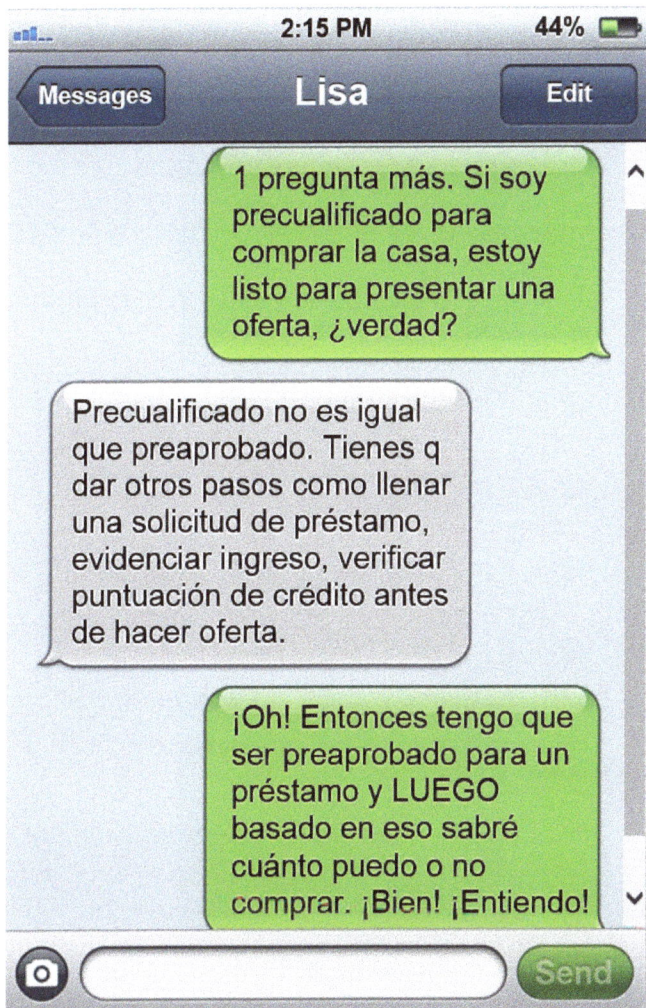

1 pregunta más. Si soy precualificado para comprar la casa, estoy listo para presentar una oferta, ¿verdad?

Precualificado no es igual que preaprobado. Tienes q dar otros pasos como llenar una solicitud de préstamo, evidenciar ingreso, verificar puntuación de crédito antes de hacer oferta.

¡Oh! Entonces tengo que ser preaprobado para un préstamo y LUEGO basado en eso sabré cuánto puedo o no comprar. ¡Bien! ¡Entiendo!

Un implante cerebral común entre los compradores con respecto a esta carta es el **Implante de cerebro #5**: "Precualificado es lo mismo que preaprobado". No saber que esto es completamente falso puede costarte una gran cantidad de tiempo y dinero. Un agente hipotecario que no es un prestamista directo, puede recopilar información sobre tus ingresos, ahorros y el informe de crédito, y darte una carta de precualificación. Sin embargo, esta carta no dice que en realidad se te dará el dinero para comprar una casa. Sólo significa que puedes ser elegible para una cantidad especificada. Si tomaras esta carta y la presentaras con una oferta, es lo mismo que llenar tu carrito de compras sin tener el dinero para pagar una vez llegas a la caja registradora. No cometas este error.

De otro lado, si completas una solicitud de préstamo, provees a un prestamista directo toda la información que te he mencionado antes y se te considera un buen candidato para un préstamo, entonces el prestamista puede proveer una preabrobación condicional de préstamo. Esto es tan bueno como tener dinero en el banco cuando tu carrito de compras está lleno y estás listo para hacer pagar. Tener este pedazo de papel le permitirá a tu agente de bienes raíces y al vendedor de una propiedad saber que tienes tus dólares en orden.

No te dejes engañar pensando que tu financiamiento está garantizado, ¡ya que no lo está! Las garantías definitivas vienen durante el proceso de depósito en garantía y se finalizan cuando cumples todos los requisitos y los términos de la Oferta de Compra son aceptados. Este es el momento en que debes estar muy atento a todos los documentos que recibas de tu prestamista. También, asegúrate de confirmar con tu agente hipotecario o banquero hipotecario que te muestre dónde en tus documentos se explican los términos de tu préstamo, intereses y pagos, incluyendo cualquier cargo del agente hipotecario o prestamista.

Espero que utilices tus habilidades de comparación al momento de comprar, cuando estás decidiendo sobre la mejor hipoteca para tu compra. Esta es la parte en la que muchas personas se confunden y son fácilmente engañados. La industria de préstamos ha cambiado mucho en los últimos años y sigue cambiando. Ahora es mucho más fácil entender los costos entre los diferentes programas de préstamos ofrecidos por prestamistas que compiten. (Por lo menos, esa era la intención.)

> 🎼Consejo: Recuerda que contratar a un Agente Hipotecario o Banquero Hipotecario para que te ayude con el financiamiento, significa que trabajan para ti y deben buscar tu mejor interés primero.

Deja que tu agente y corredor hipotecario o banquero hipotecario te expliquen o incluso te hagan dibujos para aclarar este punto. De lo contrario, el resto de la experiencia de compra puede llegar a ser muy agitada. Recuerda que el equipo que elijas está ahí para ayudarte.

Capítulo 3
QUE COMIENCE LA COMPRA Y VENTA
Depósito de Reserva

Capítulo 3

QUE COMIENCE LA COMPRA Y VENTA

Depósito de Reserva

'En el juego de bienes raíces, los mejores negocios benefician a todos los jugadores'

Tienes a todos tus jugadores del equipo, tu dinero está en orden y has encontrado la casa perfecta. Es hora de hacer una oferta de compra. Esto requerirá negociar los términos correctos y el precio de compra. Tu agente de bienes raíces te ayuda con los términos del contrato y no tengas temor en preguntar cuando no tengas algo claro. Por alguna razón los adultos pierden esta curiosidad innata que una vez tuvieron cuando tenían tu edad. En el momento de escribir tu oferta, escribirás un cheque para el Depósito de Buena Fe. Es opcional (*a menos que estés participando en algún programa de compra de casa específico*), pero tener un cheque por una parte del pago inicial, demuestra al Vendedor que actúas con seriedad y puedes respaldar lo que dice tu oferta. Quizás has escuchado el dicho "Pon tu dinero donde está tu boca..." (bueno, es la misma idea). Una vez has presentado tu oferta al vendedor de una propiedad y la oferta es aceptada, comienzan los juegos del torneo.

Dependerá del estado si un depositario de dinero en garantía o un abogado de bienes raíces actuarán como una parte neutral para esta transacción. De cualquier manera, el propósito del depósito en garantía es asegurar que cada jugador lleve a cabo todos los términos del contrato/oferta. Una parte importante de tus condiciones contractuales es una frase que he acuñado llamada "COMP-SI". Cuando estés escribiendo tu oferta junto a tu agente, siempre asegúrate de decirle que quieres que sea "COMP-SI". Este es un acrónimo para "Compra Sujeta a Inspección de Casa." Tener esta importante cláusula (condición) en tu oferta, significa que le has dicho al vendedor que tu oferta depende de los resultados y conclusiones de una inspección de la casa, pagada y aprobada por ti.

Ok, encuentro una casa y hago oferta, pero no necesito una inspección de casa si no quiero, ¿verdad?

No es cierto, mi amigo. Aunque no quieras una inspección, algunas ciudades requieren que las casas tengan una inspección "pre-venta". ¡Requerida y por una buena razón!

Supongo q es algo bueno porque sabré más sobre los cambios que se hicieron a la casa y si tiene alguna violación u otra cosa...

Send

En otras palabras, tú quieres saber lo que estás recibiendo antes de seguir adelante con el compromiso de comprar. Otra idea equivocada acerca de una inspección de casa es el **Implante de cerebro #6**: "Las inspecciones de viviendas pre-venta son opcionales". Por lo que he dicho supongo que tu presunción podría ser que *es* opcional ya que estás pagando por ella, ¿cierto? Incorrecto. Existen diferentes tipos de inspecciones de viviendas pre-venta que incluyen inspecciones de la ciudad, que deben completarse antes del <u>cierre del depósito en garantía</u> o de la transferencia de la propiedad del vendedor al comprador. Dependiendo de la ciudad donde se encuentra la propiedad, hay leyes de la ciudad que requieren este informe de "cuidado al comprador". Por ejemplo, este informe de

inspección podría descubrir adiciones ilegales (como un cuarto de baño que se haya añadido cerca de la cocina sin permisos, falta de detectores de humo o que estén defectuosos, instalación incorrecta de ventanas y la lista continúa con malas reparaciones/mejoras).

El comprador y el vendedor pueden negociar quién sería responsable del pago de este tipo de inspección de la ciudad, así como quién sería responsable de arreglar los problemas descubiertos en el informe de inspección.

Consejo: Puedes escoger a tu propio Inspector de Casa, pero NO al Inspector de la Ciudad.

Perdóname, tengo una pregunta más acerca de $$$... escuché que si no compro la casa, el vendedor se queda con mi depósito.

No te preocupes, y ¡eso definitivamente no es cierto! Tu agente trabaja para ti y puede ayudarte a cancelar tu oferta dentro de tus derechos para mantener el depósito.

...es bueno saberlo! ¡Estaba preocupado xq no quiero perder dinero en una casa que decida no comprar! ¡No hay duda!

Send

Si en este punto del juego decides que no quieres seguir adelante con la compra de la casa, porque los informes de inspección descubrieron más problemas de los que económicamente puedes manejar o el vendedor no está dispuesto a reparar, entonces puedes cancelar tu acuerdo de compra. Estás en tu derecho de hacerlo, consulta de nuevo el COMP-SI. Muy a menudo los compradores no están seguros acerca de esta parte de la cancelación de un contrato y se preocupan acerca del **Implante de cerebro #7**: "El Vendedor puede quedarse con mi depósito si no compro la casa". ¿¡Qué!? Definitivamente no es cierto *en* muchos aspectos...

La mejor parte de descifrar la verdad sobre el Implante de cerebro #1, es que antes de llegar a este punto aprendiste que el Agente del Comprador está en tu equipo para ayudarte y aconsejarte durante esta experiencia. Es responsabilidad y deber de tu agente, lograr que firmes un contrato de compra del que legalmente puedas alejarse sin perder tu depósito de buena fe o dinero.

Si decides permanecer en el juego, entonces, ¿qué sucede luego de que rápidamente pasan las inspecciones y/o negociaciones de reparación? Tu prestamista finaliza los términos del préstamo por la cantidad que pediste prestado para comprar la casa y, en el área de bienes raíces tenemos un día muy especial por el que siempre esperamos llamado "Día-D" también conocido como "Día de Documentos." Los Agentes, Representantes de Título, Representantes del Depósito de Garantía,

Prestamistas, Procesadores, Aseguradores (todos los jugadores del torneo) toman sus lugares para unificar el intercambio entre el Comprador y el Vendedor. Recibirás una llamada para firmar un paquete final de documentos que incluye la transferencia del título e información del préstamo.

Esto autoriza al prestamista a pagar por la casa en tu nombre, la transferencia del título (escritura de fideicomiso) se registra en la oficina de registradores del condado y ioficialmente te conviertes en propietario!

> **Consejo:** Los compradores pueden legalmente decidir cancelar un contrato y mantener el depósito. Revisa tu oferta v condiciones.

Felicidades, acabas de comprar tu primera casa/propiedad y lo hiciste sabiendo qué trampas evitar y qué errores no cometer. Será una compra emocional, pero al menos no tendrás la tensión añadida de no saber qué esperar. En la escuela cubriste los conceptos básicos, como aprender a leer y resolver problemas de matemáticas, ahora puedes agregar esto a tu expediente.

Cuando estés listo para hacer este sueño realidad,

> Consejo: Asegúrate de entender lo que estás firmando.

reflexiona de nuevo en los implantes cerebrales y los consejos en este libro para que refresques la memoria. Harás un montón de investigación en línea, una sobrecarga de información, y luego te darás cuenta de que es difícil filtrar la información precisa de la falsa.

Típicamente la búsqueda de una casa comienza antes de llamar a un agente, por lo que después de mucha investigación te pondrás en contacto con un agente que te podrá ayudar con esta parte inicial del juego. Busca un agente que sea transparente. Busca a alguien que esté dispuesto a responder a las preguntas y compartir información que no conozcas.

Haz preguntas, se proactivo y asegúrate de encontrar a alguien en quien puedas confiar. ¡Feliz Conquista de Casa!

Lisa Puerto

Lisa Puerto, Súper Agente

RECONOCIMIENTOS

Me gustaría dar las gracias al Dios Creador por esta tarea creativa de prestar mi voz y experiencia a la comunidad joven. Ha sido un honor haber sido utilizada de una manera en la que puedo llegar a los jóvenes pensadores, soñadores y creyentes.

También me gustaría agradecer a mi hija Leah por su inspiración y constantes recordatorios para que lo explicara a su nivel. Leah, tú has sido la mejor amiga en los "*open house*". Criticabas mis presentaciones, mi postura y nos burlábamos la una a la otra mientras esperábamos por los compradores. Conseguiste hacer un *open house* fuera entretenido, ¡gracias!

Quiero agradecer a mi hijo Leithen por la alegría y la felicidad que añade a mi vida y el recordatorio del futuro brillante que todos somos responsables de crear para nuestros hijos. Linden, me gustaría darte las gracias por nuestros hijos y nuestro viaje.

También me gustaría dar las gracias a las mujeres en mi vida que han sido súper agentes a su manera: Abuela Sheila Puerto, mi mamá Cristina Puerto, Elvinia Williams y Joshia Puerto. Ustedes no son seres egoístas y viven fielmente, desde el momento en que abren sus ojos hasta el momento en que los cierran. Son cuidadoras y trabajadoras de DIOS, llegando a aquellos con necesidades. Las amo entrañablemente.

Quiero dar un agradecimiento especial a Jorge "G" Horta y Andrew Williams por ser hombres que han apoyado mi carrera, en la forma en que lo han hecho.

Quiero decir una palabra a mi hermano Javier Beltrán y mi hermana Angelique Horta: Sean lo mejor que Dios les pida ser, los amo profundamente. A Brittney Williams y Andrew Jr. "June" Williams: Gracias por el continuo apoyo y amor hacia sus sobrinos. Los amo a todos.

También le envío amor a todos mis primos Ronnie, Maya, su madre y mi tía Martha; mis primos William y Alexander y su madre, mi tía Vianney; mis sobrinos Anthony, Ashton, Aidan, Jonathan y su madre Jenny. Manuel Mario mi esperanza es que veas al Rey en tu legado que incluye a Alexis, Autumn y Emmanuel. A mi joven Princesa Malaya y Príncipe Jomari ¡Los amo! He escrito pensando en todos ustedes como el futuro y sé que serán parte de algo grande en sus propias formas.

Un agradecimiento especial a mis clientes nuevos, actuales y futuros, quienes tienen un lugar especial en mi corazón. A Erik y Cindy Nuñez, quienes han allanado el camino para sus propias familias y han hecho de la experiencia de compra de vivienda un rito de iniciación. Los felicito por los pasos que han dado y confiar en mí una y otra vez, ah, y *lo vuelvo a decir*, confiar en mí como su Súper Agente.

Para Damien Shampine, quien me mostró su propósito, grandeza, espíritu y, de esa forma, ver los míos; *Namaste*, por eso y mucho más, estoy eternamente agradecida y te amo con el alma. A tu hija Jada y su hijo Damien Jr., que puedan darse cuenta de su grandeza interior y sepan que es cierta. Los amo como si fueran míos.

Y por último, pero no menos importante, deseo expresar un gran agradecimiento a todos los jóvenes pensadores por ser audaces y atrevidos al leer acerca de un tema que muchos podrían sentir que está muy por encima de su comprensión. Pero está hecho para que ustedes lo puedan *sobreentender*. Continúen pensando, soñando y creyendo. Sus mundos serán lo que imaginen que sean. Deben saber que pueden hacer una diferencia positiva en la experiencia de bienes raíces, ahora y en el futuro. *¡Qué continúe Bienes Raíces 100!*

SOBRE LA AUTORA

Lisa Puerto es una Profesional de Bienes Raíces, Oradora y Autora. Como defensora de crear conciencia en los consumidores e impulsora de la capacitación y desarrollo de los jóvenes, continúa esforzándose por encontrar maneras creativas e innovadoras para ser un recurso especializado para su comunidad y clientes.

Para obtener más información sobre Puerto y solicitar que participe en algún taller/seminario web para tu empresa, grupo, asociación o escuela, por favor, envía un correo electrónico a info@realestate100.net o llama al (323) 488-3265 para programar.

www.realestate100.net

CalBRE # 01736957

TAGUÉAME Y SÍGUEME

@REALESTATE100

#REALESTATE100

Únete al movimiento siguiendo @ realestate100 en Instagram y TeenRealEstate en Facebook. Muestra tu apoyo y publica tus metas en bienes raíces, tus preguntas y monumentos favoritos etiquetando o tagueando @realestate100 y #realestate100.

Para aprender más sobre el movimiento #REALESTATE100 y Lisa Puerto, Súper Agente, visita el sitio web, www.realestate100.net

SOBRE ESTE LIBRO

"Bienes Raíces 100" lleva a los jóvenes a través de los pasos básicos para convertirse propietarios de una vivienda y revela los 7 errores más comunes o "implantes de cerebro" durante el juego de bienes raíces. Las nuevas generaciones conocedoras de bienes raíces se educan sobre los términos y conceptos de bienes raíces a través de preguntas de cierto o falso y divertidas ilustraciones de mensajes de texto.

¡La clase está en sesión!